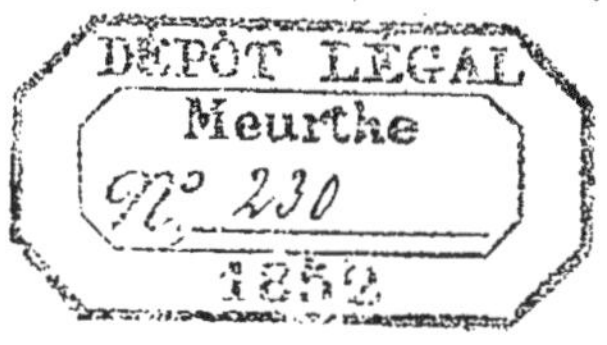

MÉMOIRES

SUR LA

QUESTION DES FINANCES

ET CELLE DES

SUBSISTANCES.

DES FINANCES.

Le sentiment religieux peut seul imprimer aux passions humaines la grandeur qui les transmet d'âge en âge et les rend immortelles. Ce sentiment, effacé du cœur de la plupart des hommes, a trouvé un refuge dans celui de la femme.

Les finances sont la question la plus grave de l'époque et sur laquelle repose la sécurité de notre avenir. Ce fut leur désordre extrême qui provoqua la Révolution et amena si malheureusement la mort du vertueux Louis XVI. Ce sont elles qui doivent immédiatement fixer notre attention.

Les réformes les plus sévères et les plus impérieuses doivent être exécutées dans les dépenses, la plus grande économie devant présider à la répartition des fonds de l'État; et cela, en évitant le moindre délai : la dette publique augmente sans cesse; elle est maintenant un abîme épouvantable dont nous sommes prêts à atteindre le fond.

« Législateurs, le temps presse; à l'œuvre

» donc, à l'œuvre ! car sous nos pas le sol, miné
» de toutes parts, tremble. Aujourd'hui encore
» il nous sépare du précipice : demain, peut-
» être, il nous engloutira. »

A travers l'époque tourmentée que nous traversons, à l'instant où un pouvoir majestueux s'établit et prélude aux choses éminentes qu'il doit accomplir, de grandes précautions sont indispensables pour conserver au gouvernement de son altesse impériale, le Prince-Président, la popularité qu'il possède et dont la continuation lui est nécessaire pour la sûreté de notre avenir.

Le moyen le plus efficace est de soulager la classe inférieure en frappant la classe privilégiée : conception dont la justesse égale l'habileté ; car ce pouvoir, déposé avec tant d'enthousiasme aux mains du prince Louis-Napoléon, il le tient uniquement de la bourgeoisie.

La noblesse, élevée dans les idées monarchiques, ne vit, en 1848, acclamer la République qu'en tremblant. Ce fut, palpitante de terreur, qu'elle vit apparaître ce bonnet *Phrygien*, emblême libéral dont l'aspect lui retraçait, en sanglants caractères, l'échafaud de 92. A cette noblesse il faut, de temps immémorial, une cour fastueuse, un monarque assis sur le trône, le diadème au front, et devant lequel elle vient s'agenouiller en rampant. Le mot révolution lui cause un frisson fiévreux ; ce grand mot qui, en cet instant, doué d'une force prestigieuse, régénère le monde : ce mot, elle le déteste, elle voudrait pouvoir l'anéantir. Oui ! car c'est bien lui qui, renversant à jamais l'état de choses connu, fit disparaître dans la poussière tous ses antiques priviléges, effaça ses orgueilleux blasons, et ne laisse plus debout, aujourd'hui, sur le vieux monde ébranlé, s'écroulant de toutes parts, que le droit que donnent, à celui qui a le bonheur de les posséder, le génie et la pratique des vertus.

Ce beau nom de Napoléon appartient bien au mouvement humanitaire dont il est la personnification. En effet, porté si glorieusement par le moderne batailleur, il domine de toute sa majesté l'époque révolutionnaire.

Entraînant à sa suite la moitié de l'Europe éperdue, le conquérant, en même temps qu'il écrasait sous son char triomphal les peuples et les rois, mit fin pour toujours à l'époque guerrière et ferma à jamais les portes du temple de Janus.

Comment, en effet, des combats seraient-ils possibles aujourd'hui? Quelles luttes de pygmées succéderaient aux batailles gigantesques de l'Empire, où il ne s'agissait alors de rien moins, pour prix de la victoire, que de la possession du monde? Quel capitaine s'estimerait assez peu maintenant pour employer son épée aux éphémères résultats que pourraient avoir les luttes actuelles?

Un plus noble emploi appartient, en cet instant, à un Souverain. Pacifier la terre, se poser à la tête du mouvement progressif et régénérateur qui s'accomplit sous nos yeux, le dominer en le dirigeant par la supériorité de son intelligence, telle est la tâche sublime qu'un grand homme doit s'attacher à remplir.

Telle sera la destinée du Souverain qui nous gouverne, secondé, ainsi qu'il l'est en ce moment, par les grandes intelligences qui l'entourent, par ses ministres. Napoléon III sera dans la paix ce que Napoléon 1er fut dans la guerre. Il exécutera le grand mouvement humanitaire que notre époque doit voir s'accomplir.

Notre auguste monarque possède, à un suprême degré, l'énergie, la rapidité et l'audace d'exécution surtout, indispensables aujourd'hui pour dompter l'hydre anarchique et pour gouverner la France : Dieu lui a fait don, dans sa munificence, de son présent le plus magnifique : son front rayonne d'une auréole éblouissante. Il possède *le génie* enfin ; sans cesse il nous en donne des preuves.

Faibles atomes, instruments aveugles entre les mains de la Divinité, chacun de nous accomplit sans s'en douter et sans même la comprendre la tâche qui nous est imposée : travail immense, incessant, marchant sans relâche, à travers les siècles, pour arriver à l'œuvre immortelle à laquelle nous touchons, *à la régénération sociale.*

Pour arriver plus promptement à la perfection de cette œuvre, il est de notre plus impérieux devoir de seconder Napoléon III dans son travail gouvernemental. Aidons à ses efforts de tout notre pouvoir : le bonheur de l'humanité entière en dépend.

Ainsi que je l'observe dans les lignes précédentes, il faut, à travers les réformes financières, impérieuses dans les circonstances actuelles, faire nos efforts pour conserver au pouvoir la popularité qu'il possède et qui lui est nécessaire. Plus il devient indispensable de frapper la classe privilégiée, plus il est important de soulager la classe ouvrière et industrielle.

1° L'impôt progressif sur les chiens devrait être établi sur-le-champ. Nous sommes encore sous l'impression des malheurs occasionnés par l'affreuse maladie de ces animaux : il serait généralement acclamé. Un seul chien paierait 5 fr., deux chacun 10 f. ; trois chiens paieraient chacun 15 fr. : ainsi de suite, triplant, quadruplant le prix affecté à chacun d'eux, à mesure que le chiffre de la meute s'élèverait davantage. Il est incontestable que cet argent serait le plus facilement versé par les contribuables, puisqu'ils ont la possibilité de détruire leurs animaux, si l'impôt exigé leur est trop onéreux. En même temps, quelle immense économie dans les subsistances que la destruction partielle de ces animaux, et quelle tranquillité ne serait-ce pas pour la société entière, exposée à leurs cruelles morsures !

2° L'impôt sur les voitures de luxe et sur les chevaux serait également progressif. Ainsi, un cheval paierait 50 francs par an; deux chevaux paieraient 100 francs chacun; trois de ces animaux paieraient chacun 150 francs; ainsi de suite, en augmentant l'impôt de 50 francs par chacun d'eux. Les chasseurs derrière la voiture seraient frappés d'une taxe de 300 francs. Ce luxe n'appartenant qu'aux fortunes immenses, ce sacrifice serait peu de chose pour les grands propriétaires, et, établi dans toute la France, le revenu du Trésor s'en trouverait considérablement augmenté.

3° Frapper d'un droit chaque cheval figurant dans les courses et disputant les prix; cela serait de toute justice : ces chevaux, propriété des plus opulents, devraient payer chacun 200 fr. par course. Leurs maîtres qui en trouvent pour leurs paris insensés ne pourraient se plaindre d'un argent prélevé sur leurs plaisirs. De cette manière, les membres du Jockey-Club seraient utiles à la société.

4° Doubler l'impôt sur le tabac. Son usage est un agrément; il est juste que ceux qui le consomment le paient cher, puisqu'ils peuvent renoncer à cette superfluité. Sa dernière augmentation n'a soulevé aucune réclamation ; il en sera de même cette fois, surtout à l'instant où d'autres objets se trouvent également frappés par le gouvernement qui, en agissant ainsi, en fera voir la nécessité, forcé, ainsi qu'il l'est, de maintenir l'équilibre financier dérangé par le désordre des règnes précédents.

5° Frapper les maîtres qui ont plusieurs domestiques d'un droit progressif. Ainsi la maison où le service serait fait par une seule femme, ne paierait rien ; les agriculteurs seraient également exempts, mais les lieux où il se trouverait un homme et une femme servant le même maître, dans les villes ou dans les châteaux à la campagne, chaque domestique paierait 20 fr. S'il s'en trouvait trois, chacun d'eux paierait 30 francs ; ainsi de suite, en augmentant de 10 francs sur chacun, à mesure que le nombre s'en éleverait. Ces droits monteraient très haut dans les grandes maisons ; mais là seulement on doit s'adresser ; elles seules ont la possibilité de donner autant sans en souffrir.

6° Les subventions des théâtres devraient leur être enlevées ; en même temps on les exempterait du droit des pauvres. L'Opéra qui fait ordinairement de magnifiques recettes qui vont devenir plus considérables encore, grâce aux étrangers amenés par les chemins de fer, ne veut plus payer convenablement les artistes de talent qu'il avait autrefois. Ainsi Baroillet, Mme Stoltz, Gardoni sont obligés d'aller à l'étranger chercher à utiliser leur talent; et nous, appréciateurs de voix aussi rares, nous sommes obligés d'écouter péniblement les médiocrités occupant seules notre première scène; il en est de même des autres directions. C'est aujourd'hui un honteux trafic que le gouvernement inattentif encourage, en s'épuisant à fournir des subventions qui ne servent plus à protéger les arts; mais qui deviennent, entre les mains de directeurs de mauvaise foi, leur seul partage, et contribuent seulement à leurs fortunes particulières; réduits à leurs seules forces, les directeurs engageraient les premiers talents; ils y seraient forcés par le directeur des beaux-arts qui en ferait une condition de priviléges. Je sollicite principalement, sur cette observation, l'attention du gouvernement.

7° Frapper de l'impôt les meubles de jeux, tels que billards, dominos, jeux de hasard forains et autres; frapper également tous les jouets d'enfants d'un impôt de 5 centimes chacun. Cet impôt qui rapporterait d'immenses valeurs à l'État serait peu de chose pour chaque individu, et, ne s'appliquant qu'aux objets d'agrément, ne pourrait donner lieu à aucune réclamation.

8° Frapper d'un impôt de 20 francs chaque personne faisant partie des clubs ou cercles où les hommes ne se réunissent que pour leur agrément.

9° Frapper de 100 francs d'impôt les locations excédant 3,000 francs; de 200 francs celles de 6,000; de 400 francs celles de 12,000.

10° N'accorder qu'avec la plus grande réserve des bourses gratuites dans les lycées et à Saint-Denis. Cette question est de la plus haute moralité. L'expérience nous prouve que la plupart des jeunes demoiselles sortant de la maison impériale de Saint-Denis, rendues, par leur éducation supérieure, incapables d'exercer un emploi lucratif dans la classe laborieuse; ne possédant pas, d'autre part, assez de talent pour en tirer leur subsistance, demeurent incertaines quelque temps, et, malheureuses avec leur éducation incomplète que la médiocrité de fortune de la maison paternelle rend plus fatale encore, elles hésitent, luttent quelque temps avec bonheur; mais enfin la misère, un orgueil maladroit les livrent sans défense aux sollicitations du vice, et bientôt la honte dans laquelle elles sont tombées accuse l'imprévoyance des parents qui, éblouis par l'éclat d'une brillante éducation, n'en ont pas deviné les épouvantables inconvénients.

Le gouvernement, dans la voie bienfaisante qu'il parcourt en cet instant avec tant de gloire, ne peut laisser échapper à sa bienveillante sollicitude la destinée de tant d'enfants portant tous un nom honorable, et dont l'avenir est tout entier dans ses mains. L'expérience est là, malheureusement, pour justifier les faux résultats d'une éducation en désaccord avec la fortune des jeunes personnes qui la reçoivent. Une enquête devrait être ordonnée, à ce sujet, par le gouvernement; et je suis certaine qu'en appelant son attention sur cet objet, il en découvrira les inconvénients et ne tardera pas à y apporter un prompt remède.

Il en est de même pour les fils des anciens militaires. En suivant la destinée de ces jeunes gens, à la sortie des écoles, je me suis convaincue que la plupart d'entre eux ne se trouvant plus dans une situation en harmonie avec leurs facultés. se joignent à la partie mécontente de la population; et devenant, pour les meneurs politiques, une proie facile, ils ne tardent pas à être pour la société, à laquelle ils doivent leur existence, un fardeau qui souvent en devient l'opprobre.

On pourrait, en dirigeant vers l'agriculture (où le manque de bras se fait péniblement sentir) cette partie de la population, lui faire rendre d'importants services. Plutôt que de la laisser avec imprévoyance, se porter vers l'industrie ou les arts, où une surabondance fatale existe déjà, il faudrait, s'emparant de ses premières impressions, la faire entrer aux écoles préparatoires d'agriculture, et, la transportant en Algérie, fonder avec elle ces colonies agricoles, réclamées impérieusement par les économistes, convaincus que le plus grand bien doit s'effectuer par leur existence, et que dans cette création est le principal remède aux malheurs qui nous tourmentent, occasionnés, comme ils sont, par l'excès de la population.

11° Les biens des communes, appelés Pâtis

communaux et portions, consistant en bois et terres, donnés annuellement en superficie à chaque habitant des campagnes, doivent leur être donnés en propriété. Cette décision rendra le nom de Napoléon III des plus populaires. En augmentant ainsi la fortune particulière des paysans, dans une grande proportion, surtout aux indigens, dont la part serait double de celle accordée aux propriétaires possédant de l'aisance; on opère la combinaison la plus fertile en résultats favorables pour le gouvernement; d'abord donc, l'état financier (on ne saurait trop le répéter, appelant les mesures les plus promptes et les plus efficaces) se trouve allégé par cette mesure. Ces terrains incultes ou cultivés, demeurant éternellement stationnaires, ne sont taxés ni de droits de successions, ni de frais de vente. En rentrant dans la circulation générale des biens, ils apportent la fortune dans les maisons dont ils deviennent la propriété, en même tems ils augmentent considérablement celle du gouvernement par les revenus, produits des ventes et les frais énormes de succession.

Cette décision doit être prise de suite. Sa Majesté Napoléon III dans sa constante sollicitude pour le bien général, a, je crois, ordonné qu'une commission fut nommée pour examiner la position de fortune des communes; j'ignore sur quels articles principaux cette commission doit travailler, mais j'insiste près de Sa Majesté, et surtout de ses Ministres *(intelligences supérieures qui rayonnent si glorieusement à nos yeux, dans l'orbite de cet astre éblouissant;)* j'insiste pour que l'on exécute sur-le-champ cette combinaison de la plus haute habileté.

En effet, à l'installation du règne imposant qui commence, à la pensée des grands événements qu'il accomplira, une préoccupation singulière s'empare des facultés, lorsque l'on est convaincu *(ainsi que je le suis fermement)* qu'il s'agit ici, moins encore de la destinée majestueuse et providentielle d'un grand homme que de celle de tout un peuple dont l'avenir dépend uniquement des inspirations de notre Empereur bien aimé.

Les destinées du monde sont attachées à jamais à celle de la France. Elle est pour les nations étrangères un phare conducteur vers lequel se tourneront leurs regards attentifs. Chacune de ses convulsions fait trembler la terre. Nous l'avons vu en 1792, nous venons de le revoir en

1848. La personne auguste, chargée par la Divinité de gouverner cette nation, doit être entourée du respect le plus profond. Notre devoir, à tous, est de seconder, autant qu'il est en nous, son action gouvernementale ; car, je le répète, les destinées de la terre entière reposent sur les actes de sa volonté.

Cette volonté toute puissante doit être dégagée de toute entrave. Pour l'exécution des éminentes réformes qui seront ordonnées par elle, il est nécessaire qu'aucun obstacle ne vienne se jeter à la traverse de ses grandes résolutions. Entourons notre chef d'amour et de sollicitude : sur sa tête chérie repose toute la sécurité de notre avenir. Sur les actes de son gouvernement reposent *la régénération sociale et le bonheur de l'humanité.*

Cette résolution concernant les biens des communes est un des actes qui doit contribuer le plus heureusement à rendre le nom auguste de Napoléon III populaire dans les campagnes. Popularité que l'on ne saurait entretenir avec trop de soin dans les circonstances actuelles, forcé, ainsi que l'est le gouvernement, à recourir aux mesures arbitraires pour la réforme financière qui nous est indispensable.

12° Les compagnies d'assurance sur la vie humaine et sur l'incendie, doivent être frappées d'un impôt. Ces compagnies, menacées dans leur existence par le Gouvernement provisoire, offrirent, à cette époque, de payer deux francs chaque police, et consentaient, sans réclamation, à être assujetties au timbre sur les quittances. Elles ont réalisé des bénéfices fabuleux. Le projet du Gouvernement est, dit-on, de leur acheter la propriété de ces entreprises industrielles : il serait plus habile de leur en laisser, je crois, toutes les chances, en se réservant un droit certain : c'est une des branches industrielles qui doit être le plus judicieusement frappée.

13° Les actions industrielles des chemins de fer augmentent dans une proportion extraordinaire; leur dividende offre maintenant aux propriétaires le résultat le plus inespéré. Il est essentiel, dans l'état déplorable de nos finances, que cette situation soit examinée de très près par le gouvernement. On ne peut, sans soulever une inquiétude générale, revenir sur les engagements pris avec les Compagnies par le Pouvoir; mais il est de la plus impérieuse nécessité de modifier désormais les avantages extrêmes qui leur ont été concédés jusqu'à ce jour.

A l'avenir les subventions qui leur sont accordées seront supprimées entièrement. La longue propriété qui leur est assurée doit disparaître en partie.

Le chiffre des années qui doivent être accordées doit être examiné avec le plus grand soin au conseil de l'Empereur et de ses ministres.

Dès la première concession de chemin de fer accordée, il faut agir dans ce sens, ne rien accorder pour aider à la construction, et ne donner que l'espace de tems reconnu indispensable pour encourager les spéculateurs à sa construction.

14° La conversion du 4 et 1/2 p. 0/0 devrait être exécutée sur-le-champ et remise à 4, en observant de ne réduire que les fonds dont le revenu excéderait 1000 francs. A partir de 1100 francs de rente, possédés par la même personne, la réduction s'opérerait sur la totalité des 1100 francs et sur tout l'excédant qui dépasserait ce chiffre.

Sous le rapport financier, cette combinaison est très habile pour le trésor; sous l'aspect philantropique elle ne l'est pas moins. En frappant ainsi la classe la plus fortunée, et respectant en quelque sorte celle de la misère, le gouvernement s'attache les petits rentiers et la partie la plus nombreuse de la nation, en lui donnant la preuve irrécusable de sa sollicitude pour ses intérêts, dans un moment où la détresse financière de ses revenus le force à recourir aux mesures les plus énergiques et les plus promptes, s'il ne veut, dans un temps très rapproché, arriver à une banqueroute complète et inévitable.

15° Le désarmement partiel est nécessaire. C'est l'économie la plus considérable et la plus prompte qui puisse s'accomplir; cette mesure donnerait la confirmation la plus positive au discours de l'Empereur Napoléon III, prononcé il y a quinze jours à Bordeaux; discours qui exerça l'influence la plus heureuse sur la confiance publique, et contribua plus que tout à la proclamation de l'Empire.

Cent mille hommes devraient être licenciés sur-le-champ. Des congés indéfinis seraient donnés à tous les militaires qui les demanderaient. La classe de 1854 serait supprimée, et la résolution en serait décrétée de suite par sa Majesté l'Empereur.

En même temps que ces mesures de la plus haute habileté s'exécuteraient, le gouvernement accorderait le passage gratuit sur ses vaisseaux à tout individu, homme ou femme, âgé de plus de 25 ans, qui demanderait à aller en Australie et en Californie. En mettant à exécution ce décret, on opérerait le plus utilement possible, pour la fortune générale de la France, le transport des classes exubérantes, (danger imminent de l'époque). Les richesses de ces contrées appartenant ainsi en grande partie à nos compatriotes seraient, dans un temps donné, ramenées par eux dans la *mère patrie*, et contribueraient, de la manière la plus heureuse, plus que toute autre innovation, à amener le bien-être général.

Cette combinaison est très importante à l'instant où un pouvoir, acclamé avec idolâtrie, fixe en cet instant les regards de la terre étonnée. Elle serait la décision la plus habile et en même temps la plus philantropique que sa Majesté Napoléon III puisse exécuter. Elle ferait ressortir avec évidence la volonté que possède ce *grand génie d'employer toutes ses facultés au bonheur de son peuple* : j'appelle principalement son attention et celle de ses Ministres sur cet article 15.

Il fut question, sous le règne de Louis-Philippe, de supprimer, dans tous les régiments, le major ou le lieutenant-colonel. J'ignore pourquoi cette idée heureuse ne fut pas mise à exécution. Il est indispensable d'y revenir le plus promptement possible. En mettant ces officiers à la *demi-solde*, ce serait une économie positive ; à mesure que les colonels arriveraient à la retraite, un d'eux le remplaçant, en très peu de temps ce grade se trouverait disparu sans mécontentement et sans secousse désagréable.

Le nombre des régiments pourrait être diminué. En supprimant de suite une partie des soldats par les congés et le défaut de conscription, les officiers sont superflus ; cependant il est impossible de les renvoyer sans assurer leur existence. Tous seraient mis en *demi-solde;* la retraite avancée de quelques années, et le gouvernement, en opérant ainsi, accomplirait la plus grande économie possible, sans exciter aucun mécontentement, surtout en offrant aux militaires de tout grade le passage gratuit pour se rendre en Australie et en Californie.

On porterait de cette manière l'idée de la population française vers ces nouvelles contrées, et l'émigration, en grand, de notre pays, s'accomplirait sous les auspices les plus favorables. Il est essentiel d'observer qu'en accordant le passage gratuit aux militaires, quelque soit le grade de chacun d'eux, la pension de retraite est supprimée de droit. Seulement le gouvernement se réserve, en cas de guerre, la facilité de retrouver ces soldats partout où ils pourraient être, en leur accordant pour le retour le passage également gratuit.

Je le répète, de toutes les mesures précédentes, cette dernière est la plus importante ; celle dont le résultat doit être le plus facile pour le gouvernement et le plus heureux pour la nation entière : les Français s'expatriant ainsi, pour aller à la recherche de trésors nouveaux, reviendront, lorsqu'ils en seront possesseurs, sans aucun doute, dans leur patrie, pour y goûter paisiblement l'existence fortunée acquise par leur travail et leur intelligence : c'est donc la combinaison la plus favorable pour le bonheur général de notre patrie. Des aumôniers seraient attachés à cette émigration et contribueraient ainsi, de tout leur pouvoir, à rendre vertueuses ces colonies nouvelles.

16° Il est d'une habile politique, au moment où la population se trouverait frappée par de nouveaux impôts, de chercher à en supprimer ou alléger quelques-uns, s'il est impossible de les enlever tout-à-fait. La taxe des lettres serait diminuée à Paris ; elles ne paieraient plus que dix centimes chaque ; en province quinze centimes par lettre. Les droits sur le vin seraient supprimés ; on ne laisserait que ceux qui frappent les eaux-de-vie et les alcools. De cette manière l'empereur Napoléon III conserverait toute la popularité qu'il possède et qui lui est indispensable pour accomplir les réformes qu'il a résolu d'effectuer.

L'impôt sur le vin est immoral, en ce sens, que dans l'exagération de leurs recherches, à l'instant de la fabrication, les employés vont jusqu'à l'indécence. Cet exercice, mettant constamment en contact les vignerons et les agents, amène de fréquentes rixes qui, en soulevant des haines irréconciliables, rejaillissent sur le gouvernement.

17° Dans le projet d'augmentation d'impôt proposé il y a six mois, dans le courant de l'été 1852, il était question de frapper le papier d'un droit nouveau et d'augmenter celui qui pèse déjà d'un poids si odieux sur les vins. La fermentation qui se manifesta sur-le-champ à Paris et à Lyon lorsqu'on apprit la résolution du gouvernement fut effrayante, et le pouvoir fit preuve, malgré les éminents besoins du trésor, de la plus grande habileté en retirant à l'instant son projet et en annonçant qu'il ne faisait que l'ajourner.

Il faut, de toute nécessité, renoncer à frapper ces articles, de même qu'il serait de la plus grande impopularité de remettre l'impôt sur le sel tel qu'il était avant 1848. Il est indispensable aujourd'hui de frapper seulement la classe riche qui, étant la moins nombreuse et la plus mesurée dans l'expression de son mécontentement, ne peut être dangereuse pour l'État, quelle que soit d'ailleurs sa manière de voir. Ce que notre auguste Souverain doit surtout s'attacher à ménager, c'est l'opinion des classes inférieures, le commerce, les ouvriers ; tout ce qui compose enfin la partie la plus considérable de la population : celle dont les passions fougueuses ne connaissant aucun frein, renversent à l'instant un gouvernement lorsqu'elle est mécontente, et le font disparaître à jamais malgré le courage et l'énergie personnelle des gouvernants, malgré l'armée commençant toujours à être fidèle, et prodiguant avec noblesse son sang pour son monarque jusqu'au moment fatal où sa chûte semble, en quelque sorte, être providentielle.

17° Supprimer les Receveurs généraux, si cela est possible, ainsi que le quart des employés dans les ministères ; diminuer d'un quart tous les traitements dépassant 8,000 francs, à l'exception des préfets et des évêques. Cette mesure est de toute nécessité ; l'effectuer le plus promptement possible.

Toutes ces réformes me sont inspirées par la connaissance exacte du désordre qui existe dans notre système financier, le plus extrême et le plus imminent danger de la situation. Elles me sont suggérées par mon ardent désir de chercher à remédier, autant qu'il est en mon pouvoir, aux bouleversements nouveaux que cet état alarmant ne peut manquer de provoquer, si sa majesté l'Empereur et ses ministres éminents ne trouvent, dans la supériorité de leur intelligence, le remède le plus prompt pour combler l'épouvantable précipice sur le bord duquel nous sommes fatalement placés.

Atome inaperçu à travers la foule, je ne puis que rendre à Dieu des actions de grâce si ces lignes, parvenant à notre auguste monarque, sont approuvées par lui. Je n'ai pas la présomption de penser que toutes ces mesures sont réalisables ; mais quelques-unes seulement seraient-elles applicables, je dois me trouver au comble du bonheur si mes inspirations obtiennent un aussi glorieux résultat.

Travailler au perfectionnement intellectuel et au bien-être des classes inférieures ; les encourager par mes écrits au respect, à la vénération du pouvoir établi ; tel sera toujours le but unique de mes travaux : et si quelque approbation du gouvernement et l'estime de mes semblables viennent encourager mes pénibles efforts, je me regarderai comme très heureuse en obtenant cette honorable récompense.

Cet écrit est confidentiel. Destiné au Souverain et à ses ministres, il serait déplacé et inconvenant de le répandre, surtout si les observations qu'il renferme doivent être mises à exécution.

Eugénie PÉRIGNON.

Un Mémoire relatif aux subsistances fut déposé au Concours, au mois de mai 1848, et remis au Secrétariat de la Société d'économie charitable, au faubourg Saint-Germain, rue de Grenelle.

Le manuscrit portait le n° 38, avec cette sentence :

« La modestie est le plus bel ornement du mérite. »

M. de Cormenin, effrayé de l'augmentation de la population, proposa, en 1847, une médaille d'or et douze cents francs de récompense, au meilleur mémoire sur la question des subsistances. Cinq cents francs furent offerts pour second prix par le ministre de l'intérieur.

Une mention honorable et des livres furent donnés à l'auteur du Mémoire suivant.

DES SUBSISTANCES.

Cette question est de la plus haute gravité : sur elle repose l'avenir de la patrie et l'existence de nos enfants. Selon le bureau des longitudes, l'accroissement de la population se maintenant le même qu'il est aujourd'hui, en dix-neuf ans il sera d'un dixième en plus ; de moitié, en 81 ans ; et 138 années suffisent pour qu'il devienne le double.

En réfléchissant au résultat de cette augmentation, en voyant les chiffres qui nous en donnent la conviction, la pensée se surprend à douter d'une aussi sévère réalité ; on ne peut admettre une augmentation, quelque légère qu'elle soit, dans l'espèce humaine, sans voir pour conséquence sa destruction : événement que la raison repousse et que la réalité dément.

Cependant ce mal permanent existe. Sans

doute, sur d'autres points du globe, des maladies épidémiques et des guerres décimant le genre humain, le détruisent en partie et compensent le nombre que nous voyons se multiplier sous nos yeux. Cette surabondance, qui menace de devenir excessive en notre pays, nous fait appréhender qu'une famine, malheureusement inévitable, vienne dans quelques années nous anéantir; et l'imagination, épouvantée à cette image, nous fait rechercher les moyens qui nous paraissent les plus efficaces pour éviter cette catastrophe.

Habitant la campagne depuis mon enfance, m'occupant spécialement d'agriculture, douée d'un esprit observateur et réfléchi et portée par mes goûts aux entreprises commerciales, je m'occupai d'abord de défrichements forestiers. Les résultats favorables, obtenus par mes premières opérations, me décidèrent à me consacrer uniquement à ce travail.

J'étudiai avec soin le sol de ma localité; défrichant les endroits les plus fertiles, faisant des semis de bois dans les terrains incultes, j'obtins en peu de temps les plus heureux succès, et ces spéculations, entreprises d'abord dans mon propre intérêt, ne tardèrent pas, à la vue des bénéfices fabuleux, réalisés ainsi, à appeler toute mon attention. La question des subsistances se rattachant à ce qui, depuis longues années, occupe ma pensée, il est de mon devoir, lorsqu'il s'agit d'intérêts aussi impérieux, de soumettre mes idées à des personnes qui, possédant un jugement éclairé, pourront en obtenir un heureux résultat.

Il existe dans chacun de nos départements et dans toutes les communes de France une quantité de terrains incultes qui demeurent sans payer de contributions, sans, la plupart, servir même de pâturage, et qui restant ainsi, sans rien rapporter, sont totalement perdus pour l'utilité générale. Ce sont ces terres qu'il faut travailler à rendre fertiles.

Dans les siècles reculés, de même que dans les années précédentes, le peu de population vivant dans nos contrées n'apportant pas une grande quantité de bras à la culture, ces terrains demeurèrent inaperçus; et lorsque, depuis la Révolution de 1792, cette population augmenta, la division de la propriété territoriale, en perfectionnant la culture, rendit les récoltes plus abondantes : les guerres de la République et de l'Empire empêchèrent d'ailleurs cette augmentation de devenir alarmante.

La paix existant depuis 1815 a produit l'excédant qui cause aujourd'hui l'encombrement dans toutes les carrières, et amène l'état alarmant dont nous nous inquiétons. La régénération sociale qui s'accomplit en cet instant, les relations bienveillantes que la politique nouvelle établira entre les peuples, annoncent que cet état de paix peut se prolonger indéfiniment. Les chemins de fer amenant entre les nations des communications plus fréquentes, doivent, en les rendant plus intimes, éloigner toute idée de guerre; et de long-temps, suivant les probabilités, il n'existera entre les peuples de luttes meurtrières. Il est donc très impérieux, en présence de semblables hypothèses, de s'occuper de créer de nouvelles subsistances.

Chercher cette augmentation dans le perfectionnement de la manutention du grain est une ressource illusoire. Ce travail est arrivé à sa plus grande perfection : le froment porté au moulin, converti en son et farine, pèse ordinairement le même poids; quelquefois seulement on remarque une différence de deux ou trois kilogrammes par cent, produite par l'évaporation, lorsque l'air est très raréfié. Les recherches sur cet objet devenant superflues, cherchons-en de plus efficaces.

Augmenter le nombre des subsistances alimentaires, en imaginer de nouvelles, est un des moyens les plus heureux. On pourrait obtenir des résultats favorables en étudiant le principe nutritif contenu dans les glands, les faînes et dans différents produits appartenant aux essences forestières. Le gouvernement devrait permettre aux agronomes désignés pour ces objets par les sociétés d'agriculture, de recueillir ces produits inutiles aujourd'hui et de les consacrer aux expériences dont notre position fait reconnaître la nécessité.*

Il est prouvé, par de nombreuses expériences, que la pellicule de la pomme de terre, à laquelle on a soin de conserver tous les germes, est suffisante pour la reproduction : l'économie apportée par cette innovation est immense, puisqu'elle ajoute aux aliments tous les tubercules destinés à la semence et détruits à jamais dans l'intérieur

* Il y a peu de temps, un chimiste distingué découvrit le moyen d'utiliser les marrons d'Inde, en rendant leur fécule propre à la nourriture; il confirma ainsi la justesse de mon observation.

de la terre. Les sociétés d'agriculture devraient offrir des primes d'encouragement aux cultivateurs qui présenteraient la plus grande étendue de terrain convertie à cette nouvelle culture et à ceux qui perfectionneraient les subsistances connues.

Les arbres fruitiers cultivés par les habitants de la campagne sont presque tous de mauvaise qualité, et la petite quantité, de bonne espèce, portée sur les marchés, se vend hors de prix.

On devrait accorder des primes aux propriétaires dans les jardins desquels se trouveraient des arbres greffés en fruits choisis ; en opérant ainsi dans chaque département, la France serait couverte, en très peu de temps, de vergers fertiles en fruits abondants et délicieux.

La meilleure manière de répandre, le plus promptement possible, cette amélioration, serait d'exiger que les instituteurs fussent instruits dans le jardinage, et qu'ils fussent en état de greffer : on exigerait d'eux qu'ils montrassent cette opération à leurs élèves. Sans dépense et très promptement, la culture des meilleurs fruits serait répandue sur toute la surface de notre patrie. Il est indispensable que le Conseil d'agriculture de Paris prenne à ce sujet l'initiative, et que des instructions dans ce sens soient adressées aux conseils d'agriculture des départements.

Les glands sont reconnus, depuis longues années, pour être très favorables à la nourriture du porc, que l'on élève cependant à grands frais en l'alimentant avec des pommes de terre, de l'avoine, des sons, substances que l'on peut utiliser plus heureusement, en les consacrant à d'autres usages.

L'attention des conseils d'agriculture devrait être appelée spécialement sur cet objet qui est très important. En substituant, en partie, les glands à l'ancienne nourriture du porc, on ajoute à la consommation de l'homme les aliments que cet animal fait disparaître. Ces observations méritent une attention sérieuse de la part des économistes ; elles peuvent être exécutées sans aucune dépense et doivent contribuer à résoudre le problême qui nous occupe.

L'émigration, sur laquelle la société appelle notre attention, est la plus grande ressource qui se présente pour l'économie des subsistances ; elle est la première qui nous apparaît et doit être la plus efficace ; les résultats en sont immédiats et certains : c'est sur elle que doivent se porter nos méditations les plus sérieuses, comme devant résoudre heureusement, ainsi qu'elle le fait, la question qui nous est posée.

Le gouvernement de Louis-Philippe, dans la pensée de transporter en Algérie un peuple cultivateur, donna de grandes facilités pour l'embarquement et pour commencer les établissements. Ces facilités devraient être rendues plus favorables encore, et la colonisation en grand de l'Algérie devrait surtout appeler l'attention immédiate du gouvernement.

Un projet de fonder des hopitaux pour les mendiants dans chaque département est présenté. L'exécution de cette loi serait une calamité. Ces maisons de refuge, considérées comme séjour de détention par les malheureux que l'on contraint à y séjourner, s'éloignent tout à fait du but philantropique qui doit présider à ces établissements. Il serait plus utile que chacun de nos départements fondât à Alger une colonie portant son nom : là seraient envoyés les mendiants et vagabonds de chaque localité ; là aussi pourraient être admis les enfants trouvés de chaque département, qui s'imposant à ce sujet extraordinairement, se débarrasserait heureusement de la population qui, par son état de misère et de vagabondage, est la plus sujette à se pervertir.

Ces réflexions, par leur justesse et leur actualité, doivent être examinées et mises à exécution le plus tôt possible.

On devrait rattacher à la société, par une instruction religieuse et professionnelle, les enfants trouvés, les mendiants et les condamnés libérés. On éleverait des fermes-modèles pour les premiers et des colonies de réhabilitation pour les repris de justice, rendus à la liberté.

Pour opérer avec fruit et poser aux établissements une base solide et un heureux avenir, il faut séparer les malfaiteurs des mendiants et des enfants trouvés, auxquels le contact de cette partie gangrenée de la population pourrait être fatal. Une destination particulière leur serait assignée : nos possessions américaines sont propres à cet objet. En même temps que l'Algérie offrirait un asile assuré aux orphelins et à la mendicité, la Guyane française pourrait être consacrée aux condamnés libérés.*

Cette belle contrée, située entre l'équateur et le cinquième degré de latitude septentrionale, a une étendue de 80 lieues, le long de la côte, et comprend 100 lieues de profondeur. Le climat de la Guyane, loin d'être malsain, ainsi qu'on l'a sans cesse répété, l'est moins que celui de toutes nos autres colonies ; les colons y passent une longue vie exempte d'infirmités. Il faut observer cependant que les excès et la débauche y donnent naissance à des fièvres qui sont presque toujours mortelles.

* Ceci fut écrit sous le gouvernement provisoire, quatre ans avant le décret de sa majesté Napoléon III, ordonnant le transport des forçats à Cayenne.

La première pensée concernant ce projet m'appartient. M. de Melun, représentant du peuple en 1849, chargé d'examiner les mémoires concernant les subsistances, frappé de cette idée, en parla pour la première fois, sans révéler où il venait de la puiser, dans les bureaux de l'Assemblée nationale, où elle fut discutée avec succès.

Depuis, le Prince-Président en ordonna l'application à la suite du mouvement du 2 décembre.

Mais les moyens d'exploitation manquent, et les colons ne peuvent, de la magnifique terre où ils se trouvent, tirer tout le parti dont elle est susceptible. Cependant le sol y est tellement fécond et les ressources si faciles, qu'ils ont en abondance toutes les nécessités de l'existence.

L'abandon où la France a laissé jusqu'à ce jour cette colonie, la plus fertile de toutes celles qu'elle possède, fait que la population y est peu nombreuse; les blancs vont à peine à 12,000, sans y comprendre la garnison ; et les travaux y sont si peu avancés, que l'île de Cayenne est la seule, ayant cinq à six lieues de longueur sur trois de large, qui possède des chemins praticables.

Il y a peu de contrées où la nature soit aussi riche que dans la Guyane. La plus grande partie est couverte d'immenses forêts où jamais l'homme n'a pénétré et qui sont aussi vieilles que la terre elle-même. Les rivières abondent en excellents poissons; les pâturages sont fort beaux et en grande quantité près des côtes ; la pêche y est facile et offre d'utiles ressources pour les alimens.

On cultive en ce pays toutes les productions coloniales : la terre y produit deux récoltes chaque année. Le café, la canne à sucre, le cacao, le coton, l'indigo, le riz et le tabac y sont en général d'une qualité très supérieure ; l'indigo, le café et le coton l'emportent principalement sur les mêmes denrées que l'on tire des autres colonies américaines.

Le climat de l'île est pluvieux, mais sain. On n'y connaît point le mal de *siam* qui ravage la Martinique et Saint-Domingue. Les fièvres malignes, la petite vérole y sont rares ; on n'y ressent pas non plus ces vives chaleurs qui font la principale incommodité des autres îles ; un vent d'Est qui s'élève tous les jours y rafraîchit l'air. On récolte d'excellentes figues, et la vigne qui y croît très-bien peut produire dans toutes les saisons, en ayant soin de partager les pieds en deux, en les taillant alternativement d'un mois à l'autre. Son principal commerce est celui du sucre et du rocou, dont le produit annuel est, avec ses autres récoltes, de plus de trois cents mille francs. Le coton y est plus beau et plus fin qu'ailleurs. La bitte*, production particulière à

* Le gouvernement devrait encourager de tout son pouvoir la transplantation de cette plante, une des

l'île, produit un fil qui est plus fort et plus fin que la soie ; on en fait des bas très estimés, et cette plante cultivée en grand pourrait, à elle seule, faire la fortune de plusieurs manufacturiers.

Les pâturages y sont en abondance et donnent à la chair des animaux qui s'en nourrissent un goût délicieux. Les rivières y sont très poissonneuses ; les tortues y abondent et sont très faciles à capturer. Le bois de fer, l'ébène et d'autres bois colorés ; les mines de fer dont les montagnes sont remplies, la vanille, le copahu, et d'autres richesses naturelles, croissant sans culture, font de la Guyane une terre privilégiée entre toutes les autres.

La négligence où elle est aujourd'hui ne peut être attribuée qu'à l'incroyable maladresse de l'ancien gouvernement qui, plutôt que d'encourager les colons à venir habiter cette magnifique contrée, se plaît au contraire à tout mettre en œuvre pour en donner une mauvaise idée et pour éloigner ceux qui voulaient s'y établir.

plus utiles que l'on connaisse et qui apporterait une très heureuse innovation dans la fabrique des étoffes.

Aujourd'hui un gouvernement énergique, ami du progrès, faisant un appel aux idées nouvelles, cherche à faire éclore, du choc des diverses pensées qui se produisent, la lumière qui doit le guider. Appelé à réaliser les innovations que la France réclame si impérieusement, c'est à lui qu'il appartient de prendre l'initiative parmi les nations et de montrer, à leurs yeux éblouis, la trace lumineuse dans laquelle il les invite à le suivre : chemin glorieux qui doit les conduire, à travers des réformes dictées par la sagesse, à la paix et au bonheur.

Le travail qui s'accomplit est immense, et la patrie, bouleversée par l'œuvre gigantesque qu'elle enfante, appelle à grands cris le concours de tous ses enfants. L'humanité n'accomplit pas, sans de profonds ébranlements et sans de terribles secousses, le perfectionnement progressif vers lequel elle s'avance tous les jours.

Tour à tour lente ou précipitée, sa marche, dirigée sans cesse vers le même but, ne peut manquer de l'atteindre : but escarpé, entouré de précipices que la malheureuse humanité ne peut franchir sans périls et sans laisser, déchirés par les ronces du chemin, les lambeaux sanglants qui lui sont douloureusement arrachés.

La raison humaine sait garder rarement une juste mesure. Tantôt courbée aveuglément sous le joug despotique, elle ne peut comprendre que l'on essaie de lui résister. Tantôt s'élançant furieuse dans le large chemin de la démocratie, elle ne connaît plus de bornes à son imagination déréglée ; ses actes alors semblant appartenir à la démence demandent, pour être réprimés avec succès, une main aussi habile qu'audacieuse.

L'époque que nous traversons est empreinte de cette fatalité ; l'agitation répandue dans l'atmosphère est respirée par tous ; la fièvre bouillonne dans les veines et l'esprit égaré devient coupable des crimes les plus odieux.

Pardon et oubli pour les actes accomplis sous l'empire d'aussi malheureuses inspirations. Mais toutes les grandes intelligences doivent comprendre que l'heure est sonnée pour leur réunion immédiate, que tous leurs efforts doivent concourir vers le même but. Pacifier l'espèce humaine, mettre un frein à ses écarts, tel est le travail que Dieu leur impose. Œuvre immense et difficile que tous leurs efforts réunis ne parviendront qu'avec peine à accomplir.

L'émigration en grand est notre unique ressource contre les maux qui nous accablent. Un décret d'urgence devrait être rendu par l'Assemblée nationale qui ordonnerait que tous les repris de justice, hommes et femmes, seront immédiatement transportés, avec leurs familles, dans la Guyane*. Le passage leur serait accordé gratuitement ; les instruments nécessaires à la culture leur seraient donnés ; on leur assurerait les premiers moyens d'existence : et bientôt cette terre fertile leur donnerait, avant peu, l'aisance qu'ils n'obtiendront jamais en France.

J'appelle particulièrement l'attention du gouvernement sur ce projet. J'en réclame l'exécution la plus prompte. Les épouvantables journées de juin peuvent renaître ; l'épuration de la société peut seule nous préserver de ce malheur.

En même temps que la Guyane serait réservée pour les malfaiteurs, les terres incultes de l'Algérie devraient être destinées à recevoir les mendiants et les enfants trouvés. Cette contrée, pour être peuplée convenablement, peut contenir quatre millions d'habitants de plus que ceux qui y sont établis aujourd'hui; il y a donc place suffisante en ce pays pour recevoir notre excédant de population.

En confiant la direction des fermes-modèles à des agriculteurs intelligents et vertueux; en attachant à ces établissements des ecclésiastiques distingués; en y créant des écoles, dirigées par des sœurs de la doctrine chrétienne, les enfants y recevraient une éducation religieuse qui tournerait leurs pensées vers le bien. L'agriculture, à laquelle tous seraient attachés, en ferait un peuple de cultivateurs qui rendrait, à nos possessions africaines, les plus grands services.

On dirigerait ainsi, vers la culture, une quantité d'enfants qui pourrait, en quittant les hospices, où ils sont élevés aujourd'hui, se livrer en France à l'industrie, où une surabondance extrême existe déjà.

Tous les économistes conviennent que le grand mal de l'époque est dans cette surabondance : tous sont d'accord pour demander que les bras se portant, avec imprévoyance, dans les villes, soient dirigés vers les campagnes, où ils sont de la plus impérieuse nécessité ; reconnaissant l'urgence de cette résolution, ils en demandent l'application immédiate. Tous font connaître le mal, en indiquant le remède : aucun ne présente le moyen de l'appliquer.

Il est évident que les ouvriers, habitués au travail de la manufacture et au séjour de la cité, ne quitteront pas leur existence ordinaire, le lieu où ils ont pris naissance, où ils ont toujours vécu, pour venir, dans les campagnes, se livrer aux travaux champêtres. Changer aussi complètement leurs habitudes est impossible : il faut laisser à cette partie de la population la liberté de suivre la destinée qu'elle s'est choisie. Mais on doit diriger la génération qui s'élève et celle qui naît tous les jours.

L'état ne peut intervenir dans l'intérieur de la famille pour imposer à l'enfant le choix de la profession à laquelle il se destine ; ce qu'il ne peut faire dans la vie ordinaire, il peut l'entreprendre, avec succès, dans l'existence toute particulière des enfants trouvés. Le gouvernement peut exercer dans la direction des hospices le pouvoir le plus despotique. Pourquoi ne ferait-il pas usage de cette faculté pour la tranquillité de la société? Tous les jours la mort enlèvera quelque industriel; les jeunes gens se portant vers d'autres travaux, l'équilibre se trouvera rétabli; et nous arriverons ainsi, sans secousses nouvelles, à l'ordre de choses que nous désirons et sans lequel la tranquillité est impossible.

Travailler au perfectionnement de l'espèce humaine est le but constant de nos efforts : ce projet doit y concourir puissamment; seulement, au lieu de diriger ces jeunes intelligences vers l'industrie, il est nécessaire de les porter vers l'agriculture. En réunissant les familles de condamnés aux mendiants et aux enfants trouvés, en les transportant à Alger, on y fondera cette grande colonisation agricole, vers laquelle se tournent les idées et les vœux des réformateurs.

Dans le rapport adressé à la société d'économie charitable sur la colonisation de l'Algérie, par M. de Riancey, le projet de MM. Dugat et Cerfbert, inspecteurs généraux des prisons, m'a surtout frappée en ce qu'il présente de ressemblance avec mes idées sur les condamnés. Ainsi que moi, ces messieurs réclament l'établissement de colonies de réhabilitation pour les repris de justice; même, allant plus loin dans ce projet, ils demandent, dans un endroit isolé de l'Algérie, la fondation d'un pénitencier pouvant contenir vingt mille personnes subissant, en ce lieu, leur condamnation.

Ces projets, inspirés par la plus louable philantropie, demandent une attention sérieuse de la part de l'autorité gouvernementale. Les idées heureuses abondent, mais les intelligences qui les conçoivent manquent de moyens pour les réaliser. De grandes dépenses sont nécessaires pour mener à bien de semblables entreprises ; les fortunes particulières y seraient englouties, sans pouvoir accomplir d'heureux résultats ; le gouvernement seul peut l'entreprendre avec succès : c'est à lui qu'il appartient de prendre l'initiative à ce sujet, et d'essayer, en sacrifiant quelques millions, si l'on ne pourrait pas ramener vers le bien et rendre utiles à la société ces êtres vicieux qui en sont aujourd'hui l'opprobre et la ruine.

J'observerai que, par rapport aux subsistances, l'émigration des condamnés enlève, à la consommation journalière des aliments, plusieurs milliers d'individus dont il est facile d'augmenter le nombre, en permettant à leurs familles de les suivre. On délivrerait ainsi la patrie de ces êtres dangereux qui, si l'on n'y porte un prompt remède, contribueront, plus que toute autre cause, en prolongeant l'état de crise dans lequel nous sommes, à amener la ruine générale.

A leur arrivée, on leur faciliterait la culture des terres, et l'on opérerait ainsi, dans quelques années, une immense économie pour le trésor. Ces individus pourront subvenir à leur subsistance ; en rentrant dans la vie ordinaire, ils en subiront les bénéfices et les charges, et seront, pour la mère patrie, une colonie qui pourvoira elle-même à tous ses besoins.

Cette question, se rattachant profondément à la morale, touche à la politique en ce qui regarde les forçats libérés. En effet, ne voyons-nous pas les émeutes qui amènent de si grands désordres être provoquées par des repris de justice ? Ces hommes démoralisés sont plus accessibles que d'autres à la corruption ; constamment disposés au mal, ils deviennent pour l'ambitieux possédant de la fortune, une proie facile. Et c'est dans les rangs de ces hommes dégradés et criminels, que les meneurs politiques viennent chercher leurs agitateurs. Délivrer la patrie de cette lave immonde qui menace de l'inonder, c'est lui rendre, en cet instant, le plus grand des services; c'est peut-être la sauver d'un naufrage complet.

Il faudrait envoyer sous un ciel nouveau, loin des habitudes qui les ont perdus, tous ces êtres dégradés qui, ne pouvant rencontrer de regard ami qu'au milieu des scélérats, leurs semblables, se trouvent éloignés pour toujours de la société des hommes vertueux. Revenir au bien leur est impossible : repoussés, comme ils le sont de toute part, ils ne trouvent de refuge que dans le monde corrompu qui leur ressemble, et le contact de ces criminels, sans cesse en présence, ne peut que les perdre à jamais.

Opérer leur conversion est une grande et noble tâche. En rompant leurs habitudes, en appelant leur imagination sur des tableaux qui leur sont inconnus, en leur faisant entrevoir une réhabilitation possible, on peut arriver à cet heureux résultat. Tous sont intelligents, la plupart déploient une rare intrépidité et beaucoup de présence d'esprit. Toutes ces facultés qui ne sont qu'égarées peuvent être dirigées vers un but nouveau : entourés de bons exemples, s'il reste encore en eux quelqu'apparence de bien, on peut, avec du courage et de la persévérance, parvenir à le leur faire pratiquer tout-à-fait.

L'organisation de l'enseignement agricole comprenant l'étude scientifique, raisonnée et pratique de l'agriculture, me semble une heureuse innovation en ce qu'elle appelle l'attention sur la culture ; et l'encouragement direct de l'Etat, sur ce genre de travail, ne peut que lui être très favorable. Seulement j'observerai qu'à l'exception de quelques provinces, dont le sol ingrat et peu fertile ne produit pas en proportion des dépenses nécessitées pour la production, la France est couverte de magnifiques récoltes ; que les terres y sont parfaitement cultivées et que l'aspect des plaines fertiles de la Normandie, de la Touraine, de la Bresse, de la Lorraine, etc., etc., annonce que l'agriculture n'est plus dans l'enfance ; que si des innovations heureuses doivent s'accomplir, elles peuvent s'exécuter sans grands frais de la part du gouvernement. Il est à d'sirer que la dépense exigée pour fonder les fermes-écoles et les écoles régionales d'agriculture amène des résultats en rapport avec les grands sacrifices demandés.

Il faudrait établir en France l'institut national

agronomique seulement, et porter en Algérie tous les établissements préparatoires pour amener les élèves à recevoir dans cette école définitive le complément de leur instruction agricole. On utiliserait ainsi, sous un rapport bien autrement productif, les millions nécessaires à ces créations. Trois millions ont été distribués, depuis les journées de Juin, aux ouvriers des ateliers nationaux, sans apporter aucune amélioration ; cet argent offert comme une aumône n'est accepté qu'en rougissant par l'honnête artisan qui demande à rendre, en travaux utiles, les secours qui lui sont indispensables. On cherche les ouvrages à exécuter, on en crée de superflus, lorsque, dans nos possessions africaines, les améliorations les plus impérieuses sont à créer.

Là est une terre fertile, produisant en abondance les récoltes nécessaires à l'existence. Ce sol, inculte aujourd'hui, non-seulement ne rapporte rien à l'État, mais il nécessite, pour le garder et le défendre, la présence d'une armée nombreuse, soldée et entretenue à grands frais. En transportant sur cette plage un peuple cultivateur que l'on élève au maniement des armes, on en forme des peuplades guerrières autant qu'agricoles, et l'on utilise ainsi, bien plus avantageusement pour le bonheur général, les dépenses faites, jusqu'à ce jour, infructueusement par le Trésor.

Ces grands établissements portés ainsi à l'extérieur produiraient de plus heureux effets que les colonies agricoles, fondées à l'intérieur, dont M. Flocon réclame l'exécution. Il existe en France six millions d'hectares de terres incultes ; ce sont ces terres que le Représentant destine à recevoir ces nouvelles créations. J'observerai que ces terrains, à quelques rares exceptions près, sont de très mauvaise qualité : les frais de semence et de culture, si on les destinait à produire des céréales, excéderaient de beaucoup le bénéfice de la production ; il faut renoncer à ce projet qui n'amènerait que des résultats désastreux. Il existe cependant un moyen de les utiliser. Le défrichement de ce sol peut être obtenu, dans un certain laps de temps, sans qu'il nécessite aucune dépense au gouvernement, et c'est par le défrichement des forêts que l'on obtiendra cet immense bienfait.

La nouvelle loi sur le défrichement ne me semble pas heureusement imaginée. * Si l'exécution en était immédiate, bientôt notre terri-

* Depuis que ce mémoire est écrit, le Prince-Président a supprimé cette loi désastreuse.

toire se trouverait dégarni de la plus grande partie de ses magnifiques futaies qui en font la fortune et l'ornement. Au lieu de demander aux spéculateurs, ainsi que le fait la nouvelle ordonnance, le quart de la valeur du terrain défriché, il faudrait les obliger à repeupler, en essences forestières, le double de ce terrain destiné par eux à être mis en culture.

Une nouvelle loi sur les forêts devient nécessaire. Pour opérer cette transformation du sol d'une manière heureuse et pour qu'il en résulte des effets certains et productifs, il serait nécessaire qu'une commission fût choisie dans le conseil d'agriculture de chaque département. Lorsqu'une demande en défrichement serait faite, cette commission, se rendant sur les lieux, examinerait avec le plus grand soin le terrain proposé ; une analyse chimique en serait faite sur-le-champ ; et c'est seulement lorsque ce sol serait reconnu favorable à la culture, que la permission de défricher serait accordée, à la condition expresse, pour le propriétaire, de repeupler en bois le double du terrain.

De cette manière l'erreur deviendrait impossible, les forêts détruites ne produiraient qu'une terre fertile, et nous ne verrions plus, ce qui est arrivé fréquemment, un sol ingrat et improductif succéder à de magnifiques futaies. Le spéculateur serait obligé de repeupler le nouveau bois dans la localité où l'ancien serait arraché. C'est à cet objet que seraient destinés les six millions d'hectares de terres incultes qui existent sur le territoire français, que je persiste à reconnaître impropres à la culture des céréales, et devant, au contraire, présenter les résultats les plus heureux si on les destine à produire des forêts.

Les départements peuplés et fertiles contiennent peu de terres incultes comparativement aux provinces pauvres, telle que la *Champagne pouilleuse* entre autres, qui présente l'aspect le plus désolé. Cependant, ces plaines nues et desséchées sont susceptibles de production; quelques hectares couverts de pin, d'une très belle venue, prouvent évidemment que cette terre, de même que les contrées voisines, peut s'embellir par la culture, et qu'elle saurait également rendre au cultivateur intelligent, qui chercherait le moyen de la féconder, la récompense de ses travaux.

Il existe des départements où les bois existant aujourd'hui dépassent les besoins de la population; dans ces localités, les spéculateurs seraient obligés d'opérer leurs repeuplements dans les provinces voisines où le combustible serait moins abondant. En opérant ainsi immédiatement sur toute la surface de la France, on aurait, dans quelques années, les résultats les plus satisfaisants; car le bénéfice opéré par la transformation des forêts en terres labourables est très grand; il suffit de quelques centaines d'hectares, pour réaliser une fortune considérable. Ces bénéfices sont connus et les spéculateurs seront d'autant plus nombreux que les dépenses nécessitées pour le repeuplement peuvent être opérées à très peu de frais.

Cette combinaison doit rapporter un immense bénéfice au Trésor. Les terres improductives ne sont frappées d'aucun impôt; converties en bois, elles rapporteront des contributions nouvelles. En forçant, par un décret, les communes à vendre aux particuliers le sol qui leur est nécessaire pour le repeuplement, ce sol entrera dans la circulation générale des biens; acheté et revendu indéfiniment, de même que toutes les propriétés appartenant aux particuliers, elles deviennent une source intarissable de richesses pour l'État. L'hectare de terre où croît une forêt, rapporte vingt-deux francs de revenu; soumis à la culture des céréales, il donne annuellement quarante francs; destiné à la production de la vigne, il produit bien d'avantage. Les contributions étant basées sur le revenu, on peut comprendre, d'après cet aperçu, de quelles sommes serait augmentée la contribution foncière, et combien la fortune des spéculateurs, s'accomplissant de la sorte, contribuerait à celle du gouvernement.

Il est donc très important de faciliter, le plus tôt possible, ces nouvelles opérations, préférables de beaucoup, à mon avis, aux combinaisons du citoyen Flocon, et devant produire, mieux que ses colonies agricoles, le bien-être général. Par rapport aux subsistances, le résultat en est très heureux, car il livre à la production des grains des terres neuves, reconnues, après l'étude chimique que je réclame, comme étant très fertiles et devant, par conséquent, répandre dans la circulation une quantité d'aliments jusqu'alors inconnue.

Pour donner une idée du bénéfice produit par les défrichements, voici une opération qui m'est personnelle. J'achetai, il y a deux ans, un bois de quatorze hectares, que je payai 14,000 fr.; le conseil d'Agriculture du département de la Meurthe en sollicita et en obtint le défrichement, le terrain étant destiné à faire *une vigne modèle*. Les racines étant données pour l'arrachage, le quart, réservé par moi, fut vendu 2,000 fr. Le gouvernement m'imposa l'obligation de repeupler ailleurs pareille quantité de terre; je choisis, dans les portions incultes de ma commune, une partie que je semai en glands et en faînes. Cette opération me coûta cent cinquante francs. On m'offre du bois défriché, lorsque la vigne sera en plein rapport, ce qui aura lieu dans six ans, six mille francs de revenu; le fonds de la propriété vaudra, à cette époque, cent quarante mille francs. Ce terrain, imposé comme forêt, aujourd'hui est frappé de vingt-huit francs de contribution; il le sera, dans six ans, de trois cents; les vingt-huit francs qu'il paie maintenant, seront reportés sur celui que je viens de semer qui, choisi dans les terres vagues, ne subissait aucun impôt.

La vigne, créée ainsi, produira annuellement de deux à trois mille hectolitres de vin qui, répandu dans la circulation, produiront au gouvernement, tous les ans, de quatre à cinq mille francs de droits indirects. On voit, par cet exemple, quelle immense fortune ces opérations exécutées en grand, peuvent rapporter aux particuliers et à l'État.

Cette transformation du sol, dont l'idée n'a jamais été imaginée que par moi, mérite d'attirer l'attention sérieuse des économistes politiques, et j'appelle, particulièrement sur elle, l'attention du gouvernement.

Ce projet réalisé augmente considérablement les subsistances actuelles, et je suis convaincue qu'il est difficile de trouver une innovation plus heureuse et qui réponde d'avantage à la question posée par la *Société des Annales de la Charité.**

Cette société, composée par l'élite de la population, réunissant, ainsi qu'elle le fait, la supériorité intellectuelle à une parfaite éducation, est plus que moi en état d'apprécier la justesse des aperçus que je soumets ici à son jugement. Je ne puis que me féliciter de ce que la question qui nous est posée m'ait permis, en émettant

* Cette Société ne s'occupe que d'actes philantropiques et charitables.

les idées précédentes, de m'associer, en quelque sorte, aux généreuses pensées dont chacun des membres de cette société est animé, en contribuant à perfectionner un état de choses qui demande aussi impérieusement d'être perfectionné.

Cette amélioration s'accomplira, si le gouvernement seconde les tendances populaires. Quinze mille hommes demandent à suivre, sur la plage américaine, les insurgés de juin ; la pétition adressée à l'Assemblé nationale, par les ouvriers licenciés des ateliers nationaux, demandant à fonder, en Algérie, une colonie agricole, prouve que l'émigration que je réclame, trouvera de nombreux adeptes si l'autorité la favorise. Ainsi se trouverait accomplie, sans efforts et paisiblement, cette grave question du transport des masses exubérantes sur la terre étrangère : ainsi se trouverait résolue heureusement, la plus grande difficulté de notre époque, celle des subsistances unie à l'excédant de population.

Il est nécessaire de suivre immédiatement cet élan populaire ; on doit le seconder et employer tous les moyens pour le propager. On devrait engager des ecclésiastiques à accompagner ces émigrations ; leur esprit conciliant et religieux contribuerait puissamment à adoucir les mœurs de ces classes malheureusement égarées par les déclamations furibondes d'une presse insensée. La société se verrait ainsi soulagée d'une surabondance qui la tourmente et qui amènerait sa ruine complète, si l'on n'y applique les remèdes les plus prompts. La population, ainsi transportée, renaîtrait sous l'empire des plus heureuses innovations, et bientôt la tranquillité et l'aisance seraient le partage de tous ces ouvriers, aujourd'hui souffrants et malheureux.

Les découvertes d'or en Australie et en Californie, indiquent la direction à donner à l'émigration française. Le gouvernement devrait faciliter le transport de tous les émigrés volontaires, hommes ou femmes, qui, sans aucun doute, reviendraient en peu de temps avec une fortune qui ferait celle de l'État.

Lorsque dans un siècle aussi égoïste, à une époque aussi profondément corrompue que celle dans laquelle nous sommes condamnés à vivre, il se rencontre encore quelques ames vertueuses et intelligentes, animées de l'amour de l'humanité ; c'est un spectacle qui repose la pensée que de voir ces courageux athlètes poursuivre la tâche qu'ils se sont imposée, sans que rien les arrête, sans demander de reconnaissance ; sachant que très peu, parmi l'espèce dégradée qui nous entoure, sont capables de ressentir ce noble sentiment, ils ne cherchent de récompenses à leurs actions que dans leur conscience et dans leur propre satisfaction.

On doit à ces personnes non-seulement des remercîments et des actions de grâce, mais on leur porte, au fond du cœur, une sorte de culte, et leurs noms, tels que ceux de M. de Cormenin et ceux de messieurs du comité des *Annales de la Charité*, ne nous apparaissent qu'enveloppés de l'auréole, que forment, autour de leurs têtes révérées, la bonté et les vertus qui les distinguent.

Eugénie PERIGNON.

Au mois de mai 1852, j'adressai au Prince-Président une lettre dont voici un passage. Il eût semblé que l'enthousiasme actuel, ornant notre atmosphère, existait déjà. C'est que quelques personnes privilégiées ont une prescience certaine de l'avenir qui les trompe rarement.

« *L'appréciation sévère, quoique juste, de l'Empereur, en tête du livre* LES BONAPARTE, *doit disparaître dans les circonstances actuelles. Laissons à ce nom de Napoléon son auréole. Prince, il est le vôtre aussi; et les combinaisons financières que votre altesse impériale met à exécution, le titre de* SAUVEUR DU MONDE *si justement mérité par vous, en mettant obstacle, le 2 décembre, au bouleversement social, tout cela ajoute un nouveau lustre à cette image imposante.*

Aujourd'hui plus que jamais, il faut au peuple du prestige. Augmentons, s'il se peut, celui que l'on porte à cette idole et laissons-la à la nation. Oui, laissons-la lui; elle sera la dernière parmi celle de ses Souverains.

Le sentiment religieux peut seul imprimer aux pensées humaines la grandeur qui les transmet d'âge en âge et les rend immortelles. Prince, le vœu général vous appelle à l'Empire: pourquoi n'est-il pas encore proclamé? Quelles considérations arrêtent votre altesse impériale et pourquoi Pie IX ne viendrait-il pas consacrer en votre personne ce grand événement.

Les souverains étrangers, impuissants contre vos résolutions, ne peuvent que les subir; surtout si, au moment de votre couronnement, un désarmement partiel de notre armée leur donnait la conviction que vos idées pacifiques sont complétement en harmonie avec celles de votre peuple.

Prince, veuillez excuser, en faveur du motif qui m'anime, les lignes précédentes; mais revêtir votre personne d'un caractère sacré, et la présenter ainsi à son peuple à travers la plus sublime enveloppe, tel est mon vœu le plus ardent.

EUGÉNIE PERIGNON.

10 *mai* 1852.

AUX MANES DU GRAND HOMME.

Pourquoi ce frémissement et que mon cœur palpite ?
Un génie inconnu, devant mes yeux agite
Le livre des destins.

Il s'écrie, et sa voix, comme un bruyant tonnerre,
Faisant entendre au loin l'annonce de la guerre
Des Dieux et des humains :

« Bientôt vont s'écrouler les colonnes du monde ;
» Tremblez, fils de Tellus! déjà la foudre gronde
» Et sillonne vos fronts.

» Voyez-vous s'élancer les fils de la victoire !
» Ils volent, précédés par l'aigle de la gloire,
» Pour venger leurs affronts. »

Il dit, les vents fougueux subitement s'apaisent,
Et des monts ébranlés les hauts sommets s'abaissent
A ce terrible accent.

Le lion se réveille et rugit dans son antre ;
Des cieux jusqu'aux enfers, trois fois on croit entendre
Un long gémissement.

Les tigres affamés déchirent leurs victimes,
Et l'on entend ces mots, comme signal des crimes :
« Ne leur pardonnons pas ! »

Les princes assemblés tressaillent sur leur trône ;
Ils veulent, pour sauver leur antique couronne,
Réunir leurs soldats.

Mais l'astre d'Austerlitz lance sur eux des flammes :
« Français, dit le héros, que l'ardeur de vos ames
» Seconde mon effort ;

» Ces esclaves, demain, sous nos coups invincibles,
» Effrayés, poursuivis par les Dieux invisibles,
» S'enfuiront dans la mort. »

Ainsi, chaque soleil vit nos grandes armées,
Du Nil à l'Océan, se couvrir de trophées
Sous l'hercule Gaulois.

Les monstres terrassés, ce chef de la patrie
Livra aux nations les secrets de la vie
En leur donnant ses lois.

Dieux ! pourrez-vous le croire ? O lâches, ô perfides !
Ils livrent sans remords, en des mains homicides,
Le guerrier bienfaiteur !

Ceux même que sa bonté tira de la poussière,
Abandonnent ce héros, délaissent l'aigle altière
Dans ses jours de malheur.

Pleurez, vaillants soldats, ce lion qui succombe ;
Ceux qu'il ne put dompter vont lui creuser une tombe
Au sein de rocs affreux.

Ainsi, quand l'œil du jour se voile de ténèbres,
Les mortels, attristés, poussent des cris funèbres
En contemplant les cieux.

Pendant qu'il traversait des mers l'immense plaine,
Un gnome, tout-à-coup, arrêtant la carène,
S'élève sur les eaux :

« Achève tes destins, poursuis, race parjure,
» Détruis le seul rempart qu'opposait la nature
» A l'invasion des maux.

» Sans guide, désormais, sans gloire ni vaillance,
» On verra triompher l'infernale alliance
» D'avides parvenus. »

Temps d'affreux souvenirs où la ruse et la crainte
Firent redire aux mortels, par la voix de la plainte :
« Le Grand Homme n'est plus. »

Mais il luira bientôt, le jour de la justice ;
Les lys, dans leur orgueil, ouvrent le précipice
Qui va les engloutir.

Sujets, prosternez-vous aux pieds du diadème ;
Soldats de Friedland, renoncez à l'emblème
De l'Empereur martyr :

« Jamais ! plutôt mourir..., » dit la grande Lutèce.
Soudain elle remet l'étendard d'allégresse
A l'aîné de ses fils.

La Fayette se montre et l'univers est libre ;
L'enfant, la vierge même osent braver le tigre
En poussant de grands cris.

Ces cris de cent héros frappent la cour céleste ;
Pallas s'arme et répond ; la discorde funeste
Lance d'affreux regards.

Les sommets de Montmartre et les bois sacrés tremblent
Quand, à la voix de Dieu, les orages s'assemblent,
Fondant sur les Stuart.

Te voilà donc tombé, traître, perfide, féroce !
Hier tu t'avançais comme un géant atroce,
Tu rampes aujourd'hui !

Et trois coups de tonnerre ont suffi pour t'éteindre !
Où sont tous ces amis qui te juraient de vaincre
Avec leur ferme appui ?

C'est en vain qu'au milieu de routes tortueuses,
Déployant du serpent les ruses ténébreuses,
Ils voulaient éblouir.

Malheur à qui combat la sagesse divine !
Son nom sera flétri ; l'inévitable ruine
L'attend dans l'avenir.

Patrie du courage ! ô France magnanime !
A tes ennemis, que la fatalité opprime,
Oppose la raison.

Protège le malheureux. Qu'un noble espoir t'inspire !
Les Dieux ont donné la puissance, pour te conduire,
Au grand Napoléon III.

EUGÉNIE PERIGNON.

Toul, imp. de BASTIEN.

www.ingramcontent.com/pod-product-compliance
Ingram Content Group UK Ltd.
Pitfield, Milton Keynes, MK11 3LW, UK
UKHW020411230726
13925UKWH00004B/1350

9 782014 056624